H. Gerd Ohmann

Modeschmuck-Trend 5
METALL-DESIGN

eleganter Schmuck aus eigener Werkstatt

Frech-Verlag Stuttgart

Jede gewerbliche Nutzung der Entwürfe ist nur mit Genehmigung des Verlags gestattet.

Verfasser:
H. Gerd Ohmann
Hattinger Straße 770
4630 Bochum-Linden
Tel. 0234/41 17 67

Sachfotos und Zeichnungen:
H. Gerd Ohmann

Materialangaben und Arbeitshinweise in diesem Buch wurden vom Autor und den Mitarbeitern des Verlags sorgfältig geprüft. Eine Garantie wird jedoch nicht übernommen. Autor und Verlag können für eventuell auftretende Fehler oder Schäden nicht haftbar gemacht werden. Für eine Verbreitung des Werkes durch Film, Funk, Fernsehen oder Videoaufzeichnungen ist eine Genehmigung oder Lizenz des Verlags erforderlich. Das Werk ist urheberrechtlich geschützt nach § 54 Abs. 1 und 2 UrhG.

Auflage:	5.	4.	3.	2.	1.	Letzte Zahlen
Jahr:	1995	94	93	92	91	maßgebend

ISBN 3-7724-1407-9 · Best.-Nr. 1407

© 1991

frech-verlag
GmbH + Co. Druck KG Stuttgart
Druck: Frech, Stuttgart 31

In diesem Buch finden Sie Modeschmuck aus Metall, wie er professioneller kaum sein kann und trotzdem ganz einfach selbstgemacht! Das Geheimnis dieses Designs ist die klare grafische Form und die edle Oberfläche im Metallmix: Gold-, Bronze- und Silberfarben miteinander kombiniert und teilweise durch Patina schattiert.

Ich zeige Ihnen, wie Sie mit einfachen Mitteln und ganz ohne Lötarbeiten diesen edlen Modeschmuck selbst fertigen können. Die einzelnen Formen werden spielerisch wie bei einem Baukasten zusammengefügt. Dabei stellen Sie schon fest, wie viele Varianten mit nur wenigen Teilen möglich sind. Was Ihnen gefällt, kleben Sie einfach zusammen.

Die wichtigsten Materialien und Werkzeuge sind dünne Buntmetallbleche, Messingstangen, Klebstoff, Säge, Feile, Schleifpapier und Patinierflüssigkeit.

Meine Damen, vielleicht wird Sie der Gedanke erschrecken, sich Metallarbeiten zum Hobby zu machen. Dann empfehle ich Ihnen, nehmen Sie mal ein Stück Messingblech von einem halben Millimeter Stärke und eine Goldschmiedeschere in die Hand und machen damit ein paar Schneidversuche. So werden Ihre Bedenken schnell zerstreut. Andererseits dürfen die Herren mit ihrer manchmal größeren Erfahrung auf diesem Gebiet mit Hand anlegen. Vielleicht entwickelt sich daraus sogar ein gemeinsames Hobby. Es ist ein herrliches Gefühl, zu erleben, wie unter Ihren Händen Schmuckstücke von professioneller Qualität entstehen – vorausgesetzt, Sie gehen mit der notwendigen Sorgfalt an die Arbeit.

Die Modelle reichen vom Anhänger fürs Ohr, oder mit Kettchen, über Broschen in vielen Varianten, bis zum Collier. Auch an die Herren ist bei der Metallauswahl gedacht. Neben schlichten und aufwendigen Krawattenschiebern sind es die Reversnadeln, die Aufmerksamkeit auf sich ziehen werden.

Ich wünsche Ihnen viel Freude beim Anfertigen und den verdienten Stolz beim Tragen, denn um Ihren Schmuck wird Sie jeder beneiden.

H. Gerd Ohmann

Material und Werkzeug

Die wichtigsten Gestaltungsmaterialien

Bastelgeschäfte mit einem aktuellen Warensortiment führen diese Materialien.

- Messingblech 0,5 mm stark und Neusilberblech (Alpacca) 0,5 mm stark und halbhart (auch im Modellbaubedarf oder im Bedarfshandel für Goldschmiede). Anstelle von Neusilber kann auch 925er Sterling-Silber verarbeitet werden. Die optische Wirkung ist fast die gleiche, nur der materielle Wert des Schmucks erhöht sich, weil Sterling-Silber mehr als fündundzwanzigmal so teuer ist.
- Messingrohr 2 mm ø ist das meist verwendete Rohr. Für bestimmte Arbeiten werden auch die folgenden Rohre und Stangen benötigt:
- Messingrundrohre 2,5 und 3 mm ø, Messingvierkantrohre 3 x 1,5 mm, 4 x 2 mm, 3 x 3 mm, Messingstangen 2 x 6 mm und 2 x 8 mm, Messingdraht 1,5 mm ø. Messing-U-Profilschienen 3 x 1,5 mm und 4 x 2 mm. Die Handelslänge der Rohre und Stangen ist 1 m.
- Glassteine mit flacher Rückseite in verschiedenen Formen und Farben als Imitation für Mondstein, Amethyst, Onyx und Hämatit. Es gibt auch noch andere Farben die Sie nach Ihrem Geschmack verwenden können.
- Straßsteinchen rund 2,5 (2,8) mm ø, 3 (3,2) mm ø, 4 mm ø, 5,5 und 8,5 mm ø mit flacher, verspiegelter Rückseite.
- Metallzierteile nach Ihrem Geschmack, vergoldet oder zum Patinieren in Messing oder Tombak bzw. vernickelt oder versilbert.
- Befestigungsmechaniken wie Broschennadeln und Anhängerösen mit Klebeplatte, Niet- und Kettelstifte, Ohrhaken und Halskettchen.

Die wichtigsten Arbeitsmaterialien und Werkzeuge

- Zinnpatina, tiefschwarz oder Brünierbeize, schwarz (Zubehör für Tiffanyarbeiten).
- Zweikomponentenkleber Uhu plus schnellfest und Aceton zum Reinigen (evtl. Nagellackentferner).
- Zahnstocher und Wattestäbchen.
- Schleifpapier in den Körnungen 220, 280, 400 und 600.
- Stahlwolle Stärke 000 und evtl. Metallpolierpaste.
- Zaponlack zum Sprühen oder Streichen.
- Blechschere (Goldschmiedeschere) mit geraden Schneiden.
- Blechschere mit gebogenen Schneiden ist nicht unbedingt erforderlich. Sie erleichtert aber das Schneiden von Rundungen und Kurven.
- Hammer mit einer möglichst großen flachen Schlagfläche zum Schlichten der Bleche.
- Schlagfeste glatte Unterlage (Amboß, Metallplatte, Steinplatte, evtl. auch Schraubstock mit integriertem Amboß).
- Pinzette zum Aufsetzen von Steinen und kleinen Metallteilen.
- Feinsäge mit Metallsägeblatt.
- Feine Feile (Hieb 3) mit einer flachen und einer gewölbten Seite.

**Materialtafel
in Originalgröße**
(in der Reihenfolge der
Abbildung)

Neusilberblech 0,5 mm
Messingblech 0,5 mm
Blechschere
Messingrohre und
Messingstangen
Stangendraht 1,5 mm ø
Rundrohr 2 mm ø
Rundrohr 2,5 mm ø
Rundrohr 3 mm ø
Vierkantrohr 3 x 1,5 mm
Vierkantrohr 4 x 2 mm
Vierkantrohr 3 x 3 mm
Stangen 6 x 2 mm
Stangen 8 x 2 mm
U-Profil 4 x 2 mm
U-Profil 3 x 1,5 mm
Krawattenschieber
Anhängerösen
Broschennadeln
Ohrclips mit Klebeplatte
Anhängerösen mit Krallen
Straßkette (kesselgefaßte Straßsteine)
Reversnadel mit Klebeplatte
Große Anhängerösen mit Klebeplatte
Kleine Anhängerösen mit Klebeplatte
Nietstifte
Kettelstifte

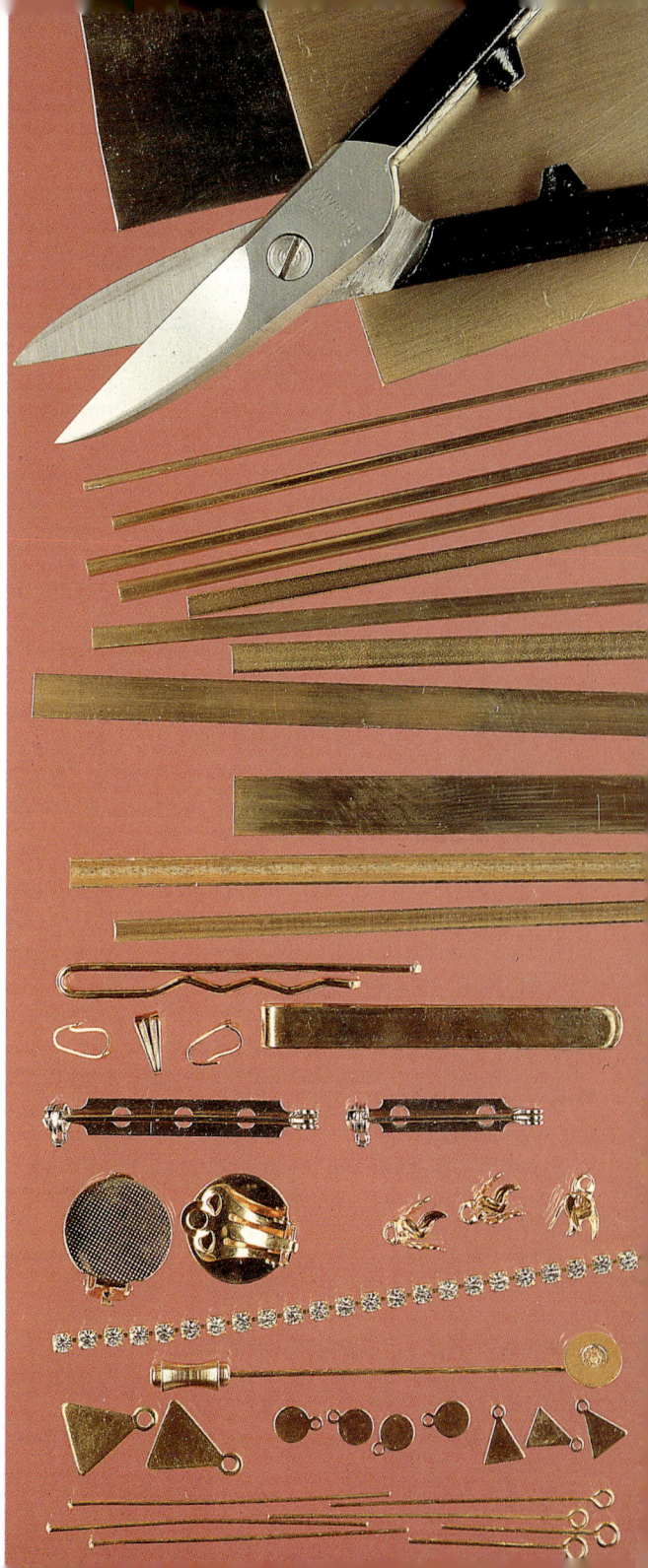

Grundtechnik in 12 Schritten

Alle Schmuckstücke in diesem Buch werden in derselben Technik angefertigt, die Sie in den nachfolgenden 12 Schritten kennenlernen. Auf Abweichungen oder Besonderheiten wird im Text zu den Abbildungen ausführlich hingewiesen.

1. Schablonen herstellen

Das Buch enthält alle Zeichnungen für die Metallformen in Originalgröße. Stellen Sie Kopien von den Zeichnungen her, die Sie für Ihre Schmuckarbeiten benötigen. Kleben Sie die Kopien mit einem Klebestift auf dünnen Karton (Plakatkarton oder Schuhkarton) und schneiden die Formen mit einem Skalpell oder einer scharfen Schere sehr sauber aus. Mit feinem Schleifpapier können unsaubere Schnittstellen nachgearbeitet werden.
Auch nach Ihren eigenen Ideen sollten Sie Pappschablonen anfertigen. Die Schablonen lassen sich spielerisch zu Schmuckentwürfen zusammenlegen. Durch Umsetzen und Verschieben einzelner Formen finden Sie leicht die beste Gruppierung. So entsteht ein Entwurf, der durch Umzeichnen aller Formen mit einem spitzen Bleistift als Originalskizze auf einem Blatt Papier festgehalten wird.
Eingeplante Röhrchen oder Stäbe durch skizzierte Linien andeuten. Zum Zuschneiden werden dann später die genauen Längen der Skizze entnommen. Die Farbe (Gold und Silber) und die Oberfläche (matt, glänzend oder geschwärzt) der einzelnen Formen sollte ebenfalls jetzt festgelegt werden.

2. Schablonen übertragen

Verwendet werden 0,5 mm starke Bleche aus Messing und Neusilber (Alpacca). Legen Sie die Schablone auf das entsprechende Blech und zeichnen Sie die Konturen mit einem wasserfesten Filzstift nach. Achten Sie darauf, daß der Filzstift gut an der Kartonkante anliegt. Die Strichstärke darf kräftig sein, denn ausgeschnitten wird auf der Innenseite der Linie. Lassen Sie zwischen den einzelnen Formen genügend freien Raum, um jede Form erst einmal grob ausschneiden zu können.

3. Blechformen ausschneiden

Schneiden Sie mit einer Goldschmiedeschere die Formen zuerst grob aus, mit einer Materialzugabe von etwa 5 mm. Der saubere Schnitt erfolgt anschließend, indem Sie die Blechschere exakt an der Innenseite der Filzstiftlinie führen. Je sauberer Sie schneiden, desto weniger müssen Sie später feilen. Halten Sie immer die aufgezeichnete Form in der linken Hand und führen Sie mit der rechten die Blechschere gegen den Uhrzeigersinn. Der sich an der Blechform bildende Grat liegt so stets auf derselben Seite, die später die Rückseite sein wird. Grundsätzlich können alle Arbeiten mit einer Schere mit geraden Schneiden ausgeführt werden, jedoch erleichtert eine Schere mit gebogenen Schneiden das Arbeiten an kleinen Rundungen und Innenkurven wesentlich. Beide Scheren können auch im Wechsel je nach Art der Linie verwendet werden.

4. Röhrchen und Stangen schneiden

Die erforderlichen Längen für die Röhrchen oder Profilstangen entnehmen Sie den Abbildungen in diesem Buch oder Ihrer Originalskizze, die Sie im 1. Schritt angefertigt haben. Gesägt wird mit einer Puksäge oder Laubsäge, beide mit entsprechendem Metallsägeblatt. Beim Trennen mit der Schere oder Zange würden die Röhrchen zusammengequetscht. Die Säge sollte leicht und zügig geführt werden. Bei Hohlkörpern gibt es einen Punkt, an dem die Säge haken wird. Diesen Punkt durch besonders leichtes und behutsames Sägen überwinden, evtl. die Säge einige Male nur in der Richtung bewegen, in der Sie weniger Widerstand spüren. Mit dem Daumen der linken Hand das Sägeblatt führen, damit das Metall nicht durch Ausrutscher verkratzt wird. Eine große Hilfe kann Ihnen das Einspannen in einen kleinen Schraubstock sein.

5. Geschnittene Formen schlichten

Beim Ausschneiden mit der Blechschere wellen sich die Formen und ihre Kanten erhalten einen Grat. Durch das Schlichten mit einem möglichst großen Hammer, der eine gerade Fläche haben muß, werden die Bleche wieder in eine planliegende Form gebracht. Als Gegenwerkzeug benötigen Sie noch eine glatte Unterlage, die Hammerschlägen standhält (Amboß, Eisenplatte, Stein, Fußboden, aber keine Fliesen!). Strukturen oder Unebenheiten in Ihrer Unterlage werden auf das Blech übertragen! Legen Sie Ihre Blechform mit der Vorderseite nach unten auf die Unterlage. Bei sehr starker Wölbung zuvor mit der Hand etwas geradebiegen. Dann mit einer Hand das Blech auf die Unterlage drücken und mit leichten Hammerschlägen zuerst rundum den Grat glätten, danach die gesamte Fläche bearbeiten. Konzentrieren Sie die Hammerschläge auf die Stellen, die noch nicht planliegen. Gehen Sie äußerst behutsam vor. Es genügt, den Hammer nur 1-2 cm anzuheben. Seine Schlagfläche sollte möglichst senkrecht das Blech erreichen, da ein schräg auftreffender Hammer Kerben erzeugt. Ganz allmählich erhält die Blechform ihre völlige Planlage.

6. Kanten mit der Feile nacharbeiten

Unsaubere oder ungenaue Schnittkanten werden mit der Flachfeile nachgearbeitet. Zum Ausfeilen gerader Schnitte die Feile auf den Tisch legen und die Blechform mit leichtem Druck darüberziehen. Bei Rundungen die Feile in die Hand nehmen und unter ständiger Kontrolle die Kanten korrigieren. Für Innenrundungen muß das Feilenblatt gewölbt sein. Scharfe Ecken in pendelnden Bewegungen über das Feilenblatt ziehen, um sie dadurch leicht abzurunden.
Bei Röhrchen- und Profilstangenabschnitten müssen die Sägestellen so gefeilt werden, daß sie einen rechten Winkel ergeben. Anschließend ihren Grat, der durch das Sägen entstanden ist, abfeilen.

7. Oberflächen schleifen

Dem Schleifen der Metalloberflächen kommt eine wichtige Bedeutung zu, da hiervon die spätere Wirkung des Schmuckstücks entscheidend abhängt. Geschliffen wird mit Carborundum-Schleifpapier mit zunehmend feinerer Körnung. Jeder neue Schleifvorgang glättet die Spuren des vorhergegangenen gröberen Schleifens.
Für unsere Arbeiten benötigen wir Körnungen von 220, 280, 400 und 600. Mit welcher Körnung Sie beginnen, hängt von der Beschaffenheit der Metalloberfläche ab.

Kerben und Unebenheiten schleifen Sie mit 220er Körnung aus. Bei glatten Oberflächen beginnen Sie mit 280er Körnung. Röhrchen und Stangen werden meist nur mit Stahlwolle abgerieben. Zur Erzielung einer feinen matten Oberfläche oder wenn patiniert werden soll, genügt das Schleifen mit 400er Körnung als letzte Stufe. Weiter geht es mit 600er Körnung und Abreiben mit Stahlwolle Stärke 000 für eine glänzende Oberfläche. Noch blanker wird es, wenn Sie die Fläche zum Schluß mit Metallpolierpaste behandeln. Teile, die gefärbt werden, sollten nicht feiner als mit 280er Körnung geschliffen werden. Führen Sie zuerst das Schleifpapier über die Kanten. Dann legen Sie die Form zum Schleifen der Rückseite auf ein paar alte Zeitungen und halten eine Hälfte mit kräftigem Daumendruck fest, während Sie über die andere Hälfte das Schleifpapier führen. Dann Seitenwechsel! Wie sauber oder glatt die Rückseite geschliffen werden muß, ist Ansichtssache. Erst zum Schluß folgt die Vorderseite. Ganz wichtig ist, immer nur in einer Richtung zu schleifen!

8. Metallflächen dunkel färben

Das Wechselspiel der verschiedenen Metallfarben, ist ein interessanter Aspekt dieser Modeschmuckart. Gold und Silber können gleich gut zu Altgold bzw. Bronze und Altsilber gefärbt werden. Den Grad der Färbung bestimmen Sie mit dem anschließenden Abschleifen. An dieser Stelle müssen Sie entscheiden, ob Sie nur einzelne Formen dunkel färben oder das gesamte Schmuckstück patinieren möchten. Letzteres wird als 10. Schritt ausgeführt.
Zum Färben von Messing und Neusilber eignen sich schwarze Brünierbeize oder tiefschwarze Zinnpatina, beide sind in der Tiffany-Lampentechnik gebräuchlich. Der Unterschied liegt in der etwas schnelleren Reaktion der Brünierbeize. Sie erzeugt auf Messing einen neutralen dunkelgrauen bis schwarzen Ton, wogegen die Färbung durch die Patina eher dunkelbraun ist. Mit Patina läßt sich auch Silber dunkel färben. Beize oder Patina auf die frisch geschliffene Metallfläche mit einem weichen Pinsel satt auftragen und einwirken lassen. Nach dem Trocknen die Oberflächen mit einem weichen Tuch leicht abreiben, dann die Rückseite mit Stahlwolle oder feinem Schleifpapier von ungewollter Färbung freireiben.
Jetzt wenden Sie sich der Vorderseite zu. Ziehen Sie die Stahlwolle ganz leicht in Schleifrichtung über die gesamte Fläche. Langsam wird der Metallton wieder sichtbar. Bestimmen Sie die Stärke der Färbung. Auch ein partiell stärkeres Abschleifen ist sehr reizvoll z.B. die Mitte heller und zum Rand hin eine allmähliche Steigerung der Färbung. Vermeiden Sie unbedingt stufenförmige Farbansätze.
Leider läßt sich eine gefärbte Fläche nicht kleben, darum ist es erforderlich, die Stellen, die später den Klebstoff aufnehmen sollen, nicht mit Färbeflüssigkeit einzustreichen.

9. Teile miteinander verkleben

Eine korrekt ausgeführte Verklebung bestimmt Aussehen und Haltbarkeit des Schmuckstücks. Grundsätzlich gilt: Jede Verklebung ist nur so stark, wie die Haftung des Metallüberzugs auf seiner Unterlage. Ist die Oberfläche z.B. vergoldet, vernickelt oder lackiert, so geht der Klebstoff eine Verbindung mit diesem Oberflächenüberzug ein und nicht

mit dem Material, das darunterliegt. Es ist darum zu empfehlen, solche Oberflächen abzuschleifen oder wenigstens dort aufzukratzen, wo der Kleber aufgetragen wird. Das gilt ganz besonders für lackierte Flächen.
Geklebt wird mit dem glasklaren Zweikomponentenkleber Uhu plus schnellfest. Dafür gilt: Je größer die Klebefläche, desto fester ist die Verklebung. Alle Klebestellen müssen fettfrei sein, glatte Flächen werden aufgerauht, auch alle Edelsteine oder Glassteine, sofern ihre Rückseiten nicht verspiegelt sind. Für die eigentliche Klebearbeit legen Sie über Ihre Skizze ein Stück klare Polyäthylenfolie (Haushaltsfolie). Sie hat den Vorteil, daß evtl. auf der Rückseite austretender Kleber nicht auf der Unterlage festklebt. Legen Sie dann das unterste Teil auf die Skizze. Sie können jetzt erkennen, wie die zu verklebenden Teile plaziert werden und wie weit der Kleber aufgetragen werden muß.
Drücken Sie auf eine beliebige Unterlage (z.B. Papier) ein erbsengroßes Stück Binder und daneben ein ebenso großes Stück Härter. Das Verhältnis 1:1 muß unbedingt eingehalten werden. Beide Teile durch Rühren mit einem Zahnstocher vermischen. Das Klebergemisch läßt sich nur wenige Minuten verarbeiten, dafür ist aber die Klebeverbindung schon nach ca. 15 Minuten fest. Arbeiten Sie darum an jedem Schmuckstück in mehreren Etappen. So können Sie die Verklebungen besser kontrollieren und darauf achten, daß sich die Teile nicht verschieben. Dies geschieht leicht, solange der Kleber noch flüssig ist. Tragen Sie den Kleber mit einem Zahnstocher auf. Grundsätzlich den angemischten Kleber nur solange verarbeiten, bis er beginnt, Fäden zu ziehen.

Dosieren Sie ihn sorgfätig, daß nichts seitlich austreten kann. Sichtbarer Kleber wirkt unsauber und würde eine später aufgetragene Patina nicht annehmen. Das Teil vorsichtig und möglichst exakt auflegen, auch beim Korrigieren der Lage kann Kleber sichtbar werden. Ausgetretener Kleber läßt sich aber wieder entfernen. Warten Sie ab, bis der Klebstoff bereits zähflüssig geworden ist, dann haftet das Teil bereits besser auf der Unterlage. Der Zustand des Klebers kann an dem nicht verarbeiteten Rest geprüft werden. Nehmen Sie dann etwas Aceton oder Nagellackentferner auf ein Wattestäbchen und reiben den überschüssigen Kleber ab. Es darf kein Aceton unter die Verklebung laufen! Kleber, der sich so nicht entfernen läßt, kann mit einer in Aceton getauchten Zahnstocherspitze abgeschabt werden. Wichtig: Ausgehärteter Kleber löst sich nicht mehr ab.
In dieser Fertigungsphase können Sie auch schon Metallzierteile und Steine aufkleben, soweit sie eine nachfolgende Patinierung nicht behindern und die Steine einen Überzug mit Zaponlack vertragen.
Oft ist es nicht möglich, Zierteile wegen eines Hohlraumes auf der Rückseite direkt aufzukleben. In diesem Fall füllen Sie den Hohlraum mit Klebstoff aus, legen das Teil mit der Öffnung nach unten auf eine Polyäthylenunterlage, lassen den Kleber fest werden und geben erneut Klebstoff zum Aufkleben darauf.

10. Das Schmuckstück patinieren
Wenn Sie beim 8. Schritt noch keine Metallflächen dunkel gefärbt haben, besteht jetzt die Möglichkeit, das zusammengeklebte Schmuckstück zu

patinieren. Technisch ist es derselbe Vorgang mit denselben Chemikalien wie bereits beim Färben ausführlich beschrieben. Der Unterschied liegt in der optischen Wirkung. Natürliche Patina bildet sich verstärkt in den tieferliegenden Partien von Gegenständen. Dieser Effekt wird hier künstlich erzeugt.

Streichen Sie das gesamte Schmuckteil mit Patina oder Brünierbeize ein. Nach dem Trocknen reiben Sie die Schwärzung mit Stahlwolle Stärke 000 teilweise wieder ab. Zuerst werden die hochliegenden Stellen frei, je länger und je fester Sie reiben, desto mehr Schwärzung entfernen Sie. Gehen Sie auch hierbei behutsam vor, und stoppen Sie, wenn der beste Effekt erreicht ist. Zurückbleiben sollte ein dunkler Schatten in den Vertiefungen und an den Materialansätzen, der dem Schmuck ein besonders plastisches Aussehen gibt.

Sehr reizvoll wirken die im Handel erhältlichen Metallzierteile nach dem Patinieren. Viele Einzelheiten werden dadurch erst deutlich sichtbar, darum sollten diese Teile grundsätzlich patiniert werden, entweder einzeln vor dem Aufkleben oder zusammen mit dem ganzen Schmuckstück. Vergoldete oder lackierte Teile lassen sich jedoch nicht patinieren. Vor dem Patinieren (bei einer Patinierung des gesamten Schmuckstücks noch vor dem Aufkleben!) die gesamte Oberfläche, besonders auch in den Vertiefungen, gründlich mit Stahlwolle abreiben. Die getrocknete Patina wird mit Stahlwolle soweit behutsam abgerieben, bis sie sich nur noch in den Vertiefungen befindet. Vorsicht bei versilberten Oberflächen! Sie reiben das Silber schnell mit ab.

Auf die Rückseite gelangte Patina muß vor dem Aufkleben entfernt werden.

Wenn Sie jetzt Steine oder Metallzierteile aufkleben, achten Sie darauf, daß sich an der Klebestelle keine Patina befindet.

11. Das Schmuckstück zaponieren

Zaponlack schützt Metalloberflächen gegen Oxidation und leichte Kratzer. Ohne diesen Lacküberzug würde Ihr Schmuckstück bald unansehnlich.

Zum Zaponieren legen Sie den Schmuck auf eine Zeitungsunterlage und besprühen die Vorderseite dünn mit Lack. Bewegliche Teile wie Ohrhänger, Anhänger und Colliers auch von der Rückseite lackieren. Zuvor die Befestigungsöse aufkleben. Bei Schmuck, der beim Tragen verstärkter Reibung ausgesetzt ist wie z.B. Broschen und Krawattenschiebern ist später ein gelegentliches Nachlackieren angebracht.

Aufgeklebte Steine werden automatisch mitlackiert. Bei einer guten Lackqualität wird dadurch der Glanz der Steine nicht beeinträchtigt.

Testen Sie zuvor Ihren Lack. Möchten Sie ein Mitlackieren der Glas- und Edelsteine vermeiden, so werden sie zuvor mit einem Latex-Abdeckmittel für Aquarellmalerei bestrichen. Das Abdeckmittel läßt sich nach dem Trocknen des Zaponlacks einfach abrubbeln. Steine können auch nach der Zaponierung aufgeklebt werden. Dazu müssen Sie aber die Klebestellen durch Freikratzen vom Lack befreien.

Etwas mühsamer aber genauso effektiv ist das Aufstreichen von Zaponlack mit einem weichen Pinsel.

12. Befestigungsmechaniken

Es gibt die verschiedenen Befestigungsmechaniken zum Aufkleben. Da sind in erster Linie Broschennadeln in mehreren Längen, Krawattenschieber und Krawattenklemmen, Reversnadeln mit Klebeplatte, Ohrclips und Ohrstecker, Haarklemmen, Manschettenknöpfe und zahlreiche Klebeplatten mit Öse für Colliers, Anhänger und Ohrhänger. Ihre Verklebung ist stärkster Beanspruchung ausgesetzt. Darum sei nochmals erwähnt, die Klebeflächen durch Anschleifen aufzurauhen oder sogar Beschichtungen (Vergoldung, Nickelüberzug) abzuschleifen. Tragen Sie reichlich Klebstoff auf, er darf auf der Schmuckrückseite auch ruhig seitlich austreten. Um senkrechte Röhrchen mit einer Aufhängeöse zu versehen, verwenden Sie Kettelstifte. Geben Sie Klebstoff auf die gesamte Stiftlänge und führen Sie den Stift ganz in das Röhrchen ein, so daß nur der Ring als Öse sichtbar bleibt. Eventuell außen sichtbaren Klebstoff mit einem Tuch aufnehmen, Röhrchen waagrecht legen, dadurch legt sich der Kettelstift auf die Röhrchenwand und wird mit ihr verklebt.

Hinweise zur Arbeit mit diesem Buch
Die „Grundtechnik in 12 Schritten" enthält alle Arbeitsläufe in chronologischer Reihenfolge sowohl für die im Bildteil gezeigten Beispiele als auch für Ihre eigenen Entwürfe. Bevor Sie an die praktische Arbeit gehen, sollten Sie sich mit der Technik vertraut machen. Besondere Arbeitshinweise zu den einzelnen Abbildungen machen auf Ergänzungen bzw. Änderungen der Grundtechnik aufmerksam.
Die Formteile sind entweder goldfarbig (Messingblech) oder silberfarbig (Neusilberblech). Durch Bearbeiten mit Patiniermitteln wird daraus Altgold und Altsilber. Für die meisten Schmuckstücke wurden drei oder vier Farben miteinander kombiniert. Das führt zu effektvollen Kontrasten bei dem sonst eher schlichten Design. Welches Formteil in welchem Farbton gefertigt wird, ist für die Wirkung des Schmuckstücks nicht sehr entscheidend, darum wurde bei den Modellbeschreibungen auf diese Angaben verzichtet, zumal die Abbildungen in Originalgröße viele Farbdetails erkennen lassen. Auch die Größenverhältnisse, die Länge der Röhrchen und Stangen und die Größe der Steine können den Abbildungen direkt entnommen werden.
Die Verwendung der einzelnen Modelle ist nicht immer genau festgelegt. Ein Kettenanhänger kann ebenso als Ohrhänger, Ohrclip oder sogar als Brosche verwendet werden. Das Design eines Krawattenschiebers wird mit der entsprechenden Mechanik zur Broschennadel oder zur Reversnadel. Aus Broschen werden durch Ankleben einer Platte mit Öse Kettenanhänger usw.
Viele Schmuckstücke sind zusätzlich mit Steinen und Metallprägeteilen verziert. Es wird nicht immer einfach sein, genau das gleiche Teil zu beschaffen. Aber sicher werden Sie bei der großen Auswahl, die der Markt bietet, etwas Gleichwertiges finden.

Serie 1

Hänger mit Amethysten

Material:
Messing- und Neusilberblech 0,5 mm,
Messing-Vierkantrohr 3 x 1,5 mm,
„Amethyst"-Glassteine in Tropfenform,
Straßsteine mit 8,5 mm, 5,5 mm und 3 mm ø.
Kettelstifte für die Aufhängerösen.

Fertigungshinweise:
Die Arbeitsschritte sind im Kapitel „Grundtechnik" beschrieben. Das Vierkantröhrchen wird auf die hintere Form geklebt, dann beides patinieren, jedoch den Klebebereich der oberen Platte freilassen. Obere Platte aufkleben. Für das Aufkleben der Steine den Untergrund mit einem spitzen Messer freikratzen.

Serie 2

Mit Röhrchen und Mondsteinen
Beschreibung auf Seite 16.

Diese Schmuckstücke wirken besonders plastisch, weil mit Hilfe der Röhrchen die kleineren Metallformen teilweise frei über ihrem dunkleren Hintergrund liegen.

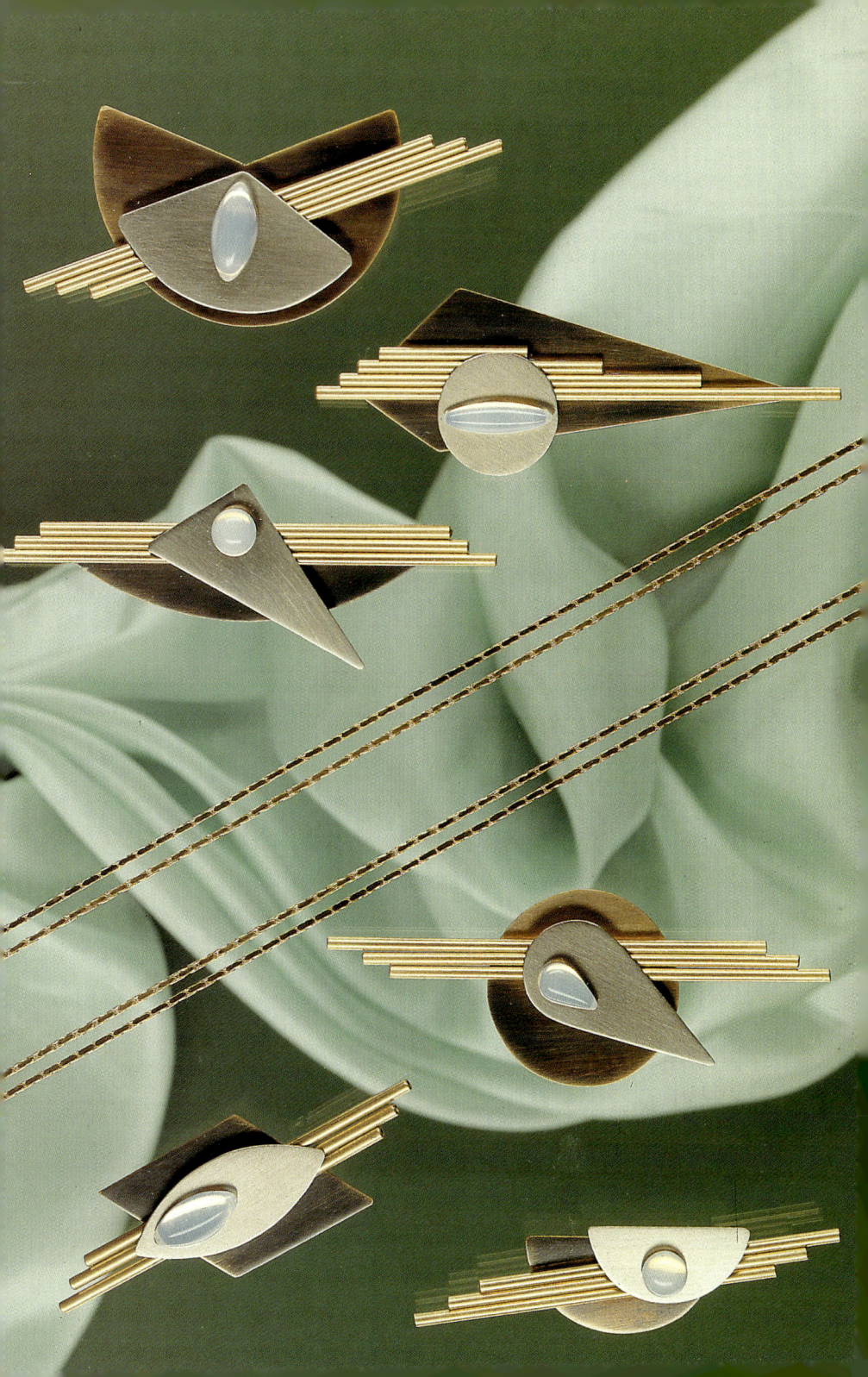

Material:
Messing- und Neusilberblech 0,5 mm,
Messingrundrohr 2 mm ø,
Mondsteine (milchig-transparente Glassteine mit verspiegelter Rückseite),
Kettelstifte für Aufhängerösen,
Broschennadeln, Reversnadeln.

Fertigungshinweise:
Die untere Fläche schwarz färben. Das Abreiben der Färbung erfolgt mit weichem Übergang zum Bereich der Röhrchengruppe. Im Klebebereich der Röhrchen sollte die Schwärzung ganz entfernt sein.

Serie 3

Krawattenschieber und Broschen im Partnerlook

Material:
Messingstangen 2 x 6 mm und 2 x 8 mm,
Messing- und Neusilberblech 0,5 mm,
Messingröhrchen 2 mm ø,
verschiedene Glas- und Muschelsteine,
Tierkreiszeichen,
verschiedene Motive und Ornamente,
Broschennadeln,
Krawattenschieber.

Fertigungshinweise:
Der Unterschied zwischen einer Brosche und einem Krawattenschieber liegt, abgesehen von den verschiedenen Befestigungsmechaniken, nur in der Länge. Die Gestaltung des Herrenschmucks muß wenigstens so lang wie der aufzuklebende Krawattenschieber sein. Die Broschen sind eher etwas kürzer.
Grundlage ist eine 6 mm oder 8 mm breite Messingstange. Sie wird im rechten Winkel zugesägt. Die unterschiedlichen Formen der Enden werden durch entsprechendes Feilen erreicht.
Alle Zierteile, außer den vergoldeten, sollten vor dem Aufkleben patiniert werden, sofern sie nicht patiniert gekauft wurden.
Die Patinierung bringt ihre Formen und Strukturen erst richtig zur Geltung.
Statt der teuren Muschelsteine können Sie auch aus dem wesentlich preiswerteren trommelpolierten Muschelbruch geeignete Formen auswählen, wie es die Brosche mit dem länglichen Muschelstück zeigt.

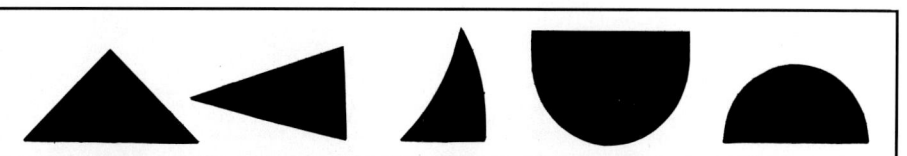

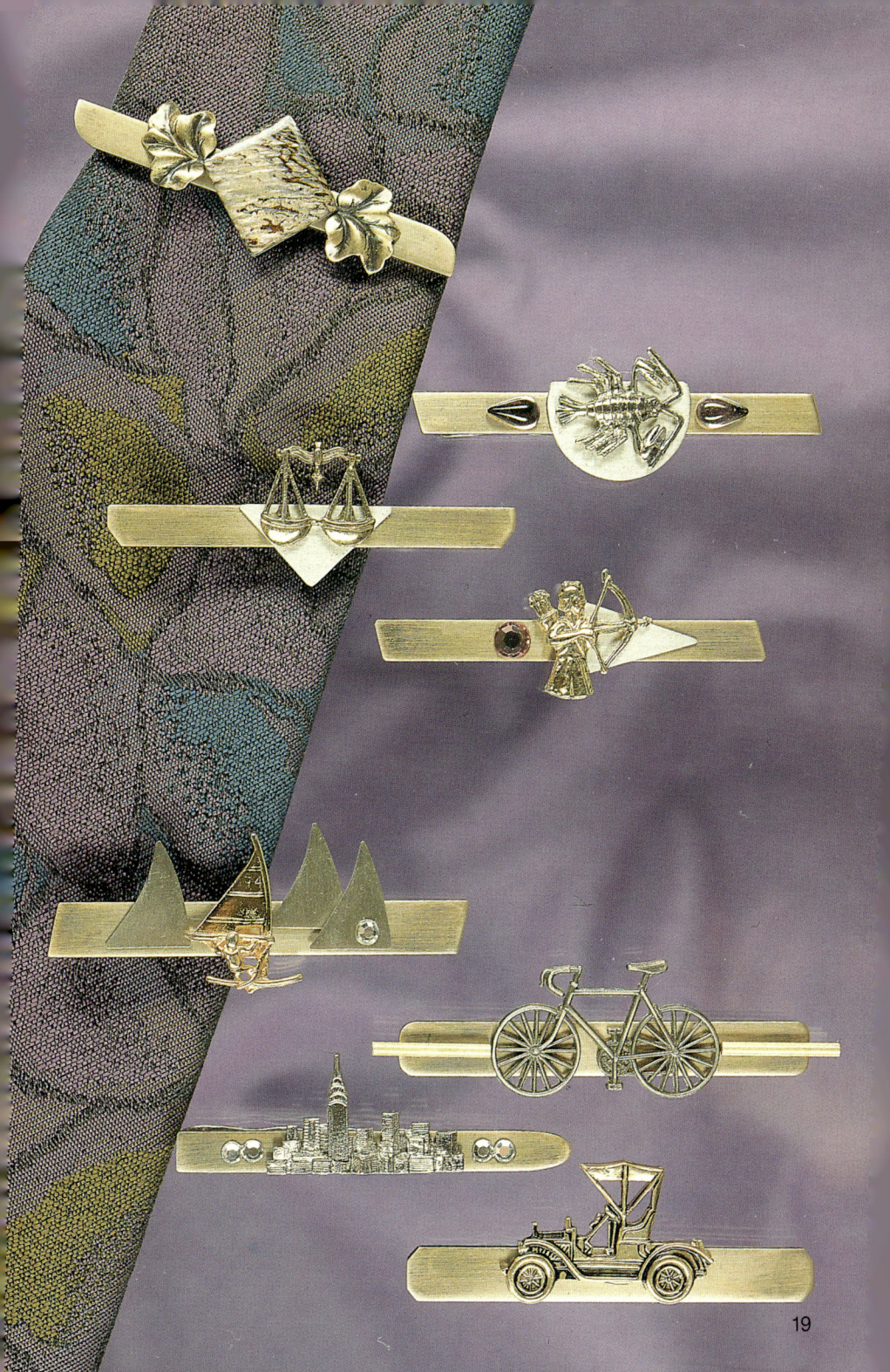

Serie 4

Schmuck mit Edelsteinanhängern

Material:
Neusilberblech 0,5 mm,
trommelpolierte Edelsteine oder Edelsteine in Tropfenform (wesentlich teurer!),
„Hämatit",
Glassteine,
große Anhängerösen mit Klebeplatte,
ovale Ringel,
Anhängerkrallen,
ornamentale Zierteile

Fertigungshinweise:
Die Kettenanhänger werden aus den gleichen Metallformen gefertigt wie die Ohrhänger. Beide Teile werden in der Mitte auf einer Befestigungsplatte, deren Öse nach unten zeigt, zusammengeklebt. Ein aufgeklebter Stein verdeckt die Platte, läßt aber die Öse frei.
Mit Ringel werden die Steine an Ohr- und Halsschmuck gehängt.
Durch Aufkleben der formbaren Anhängerkrallen erhalten die Steine eine Öse.

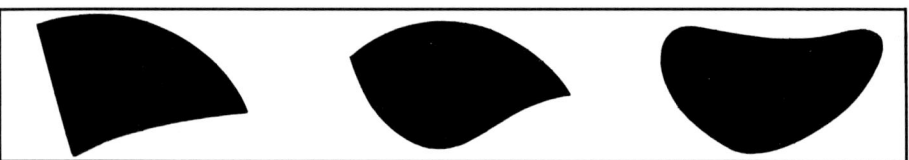

Serie 5

Krawattenschieber und (im rechten Bild) **die passenden Stabbroschen** - für modebewußte Herren ein Blickfang für das Revers.

Beschreibung auf Seite 24.

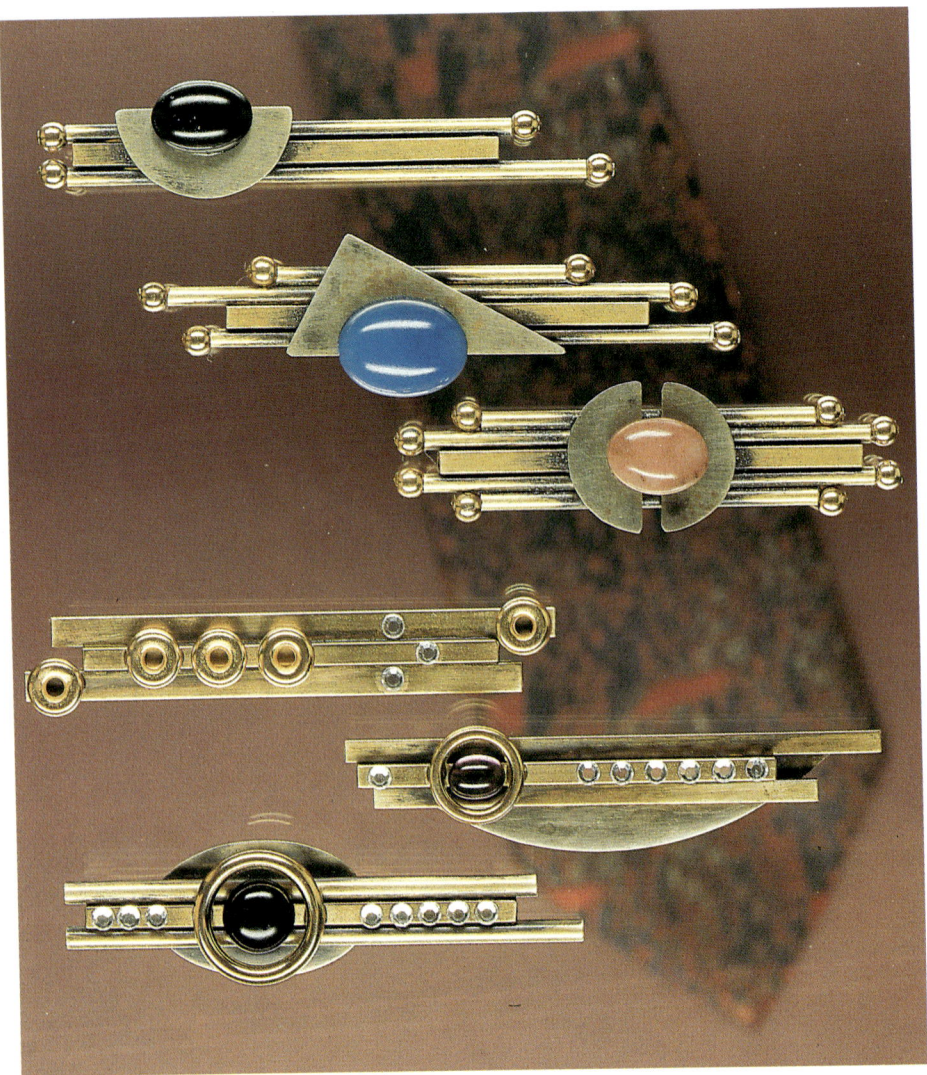

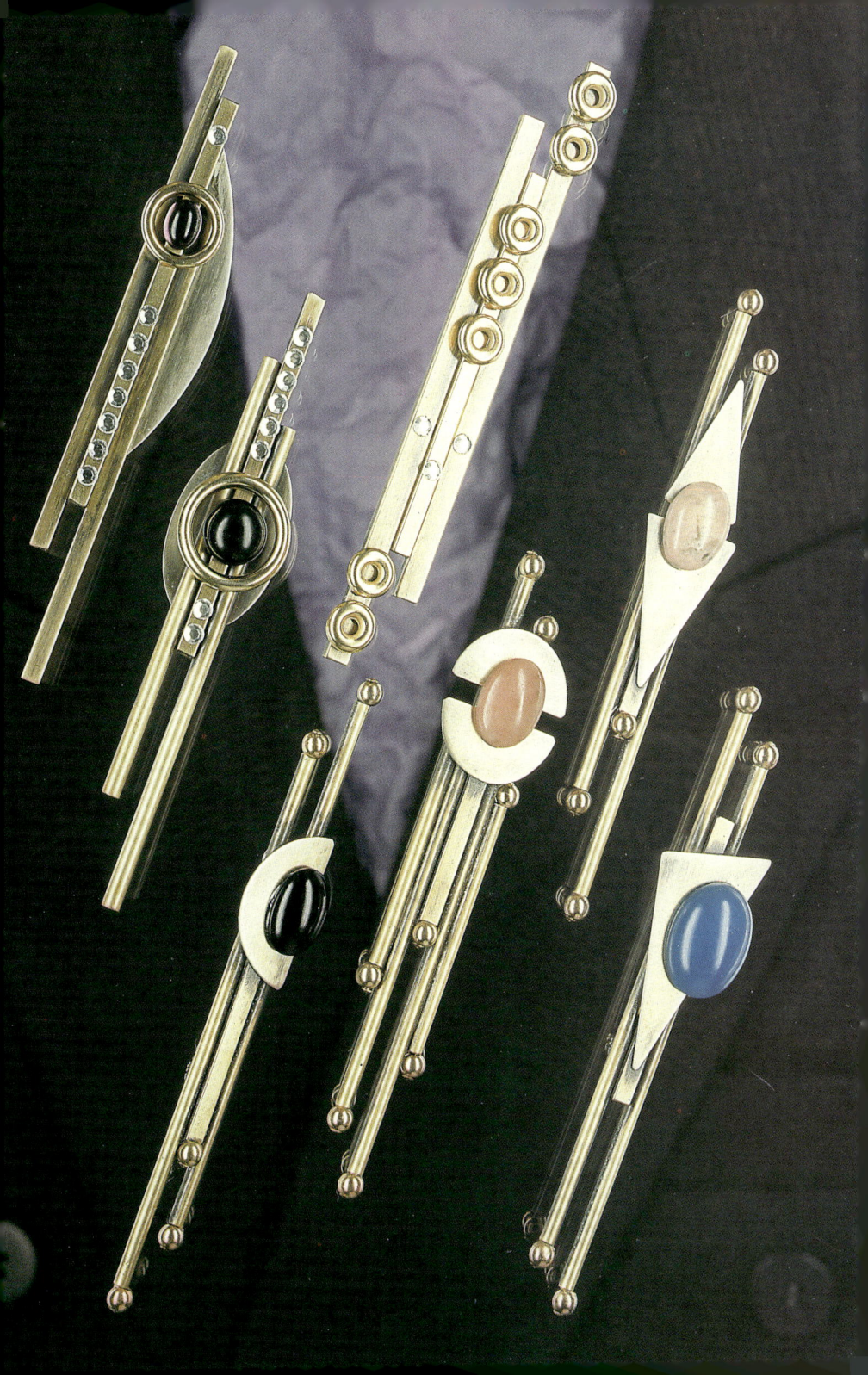

Material:
Messing- u. Neusilberblech 0,5 mm,
Messingröhrchen 2,5 und 3 mm ø,
Messingvierkantröhrchen 3 x 1,5 mm,
4 x 2 mm und 3 x 3 mm,
Goldperlen 4 mm ø,
Nietstifte,
Edelstein-Cabouchons,
Glassteine (Amethyst),
Straßsteine 3 mm ø,
vergoldete Metallringe,
Krawattenschieber,
Broschennadeln

Fertigungshinweise:
Zuerst werden die Röhrchen und Metallformen zusammengeklebt und anschließend patiniert.
Beim Aufkleben der Steine achten Sie darauf, daß an den Klebestellen die Patina entfernt ist. Nehmen Sie ein spitzes Messer (Skalpell) und kratzen dort den Untergrund frei, auf den Sie den Kleber geben.
Durch das Aufrauhen entsteht für den Klebstoff eine zusätzliche Haftung.
Die Goldperlen stecken Sie auf Nietstifte. Dann auf die gesamte Länge des Stifts reichlich Klebstoff geben und in die Röhrchenenden stecken. Eventuell austretender Klebstoff mit einem Tuch abnehmen.

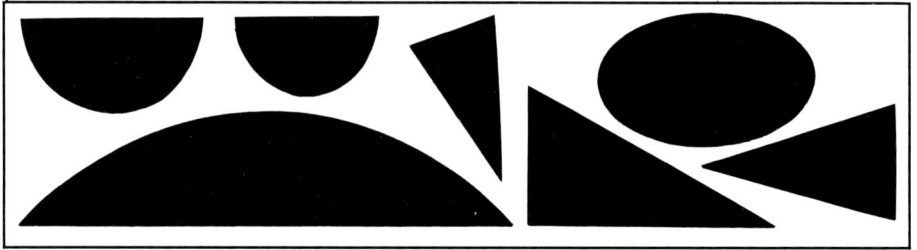

Serie 6

Mit Muschelsteinen

Material:
Neusilberblech 0,5 mm,
Messingblech 0,2 mm, 0,25 mm oder 0,3 mm stark (ersatzweise fertige goldfarbige Blättchen),
goldenes Metallgranulat (ersatzweise Goldperlen),
Muschelsteine,
Kettelstifte,
Broschennadeln,
Reversnadeln

Fertigungshinweise:
Fertigen Sie aus dem dünneren Messingblech kleine Blattformen. Nehmen Sie einen 1 cm breiten Streifen, aus dem Sie ohne vorzuzeichnen die Blättchen schneiden, wie die Zeichnung unten zeigt. Etwaige Unregelmäßigkeiten in der Form stören nicht. Legen Sie dann jedes Blättchen auf eine dicke Zeitung und prägen Sie die Mittellinie, indem Sie einen Kugelschreiber unter Druck mehrfach von einer Blattspitze zur anderen führen. Drehen Sie das Blättchen um und arbeiten auf der Rückseite rechts und links der Mittellinie die muldenartige Vertiefung mit dem Kugelschreiber stärker aus, so erhalten Sie plastische, leicht nach hinten gewölbte Blättchen.
Das Metallgranulat auf der Rückseite etwas flach feilen, damit eine größere Klebefläche entsteht.
Alle Neusilberplatten schwärzen, dabei die Klebestellen freihalten oder ganz färben und später mit dem Skalpell von der Patina freikratzen.

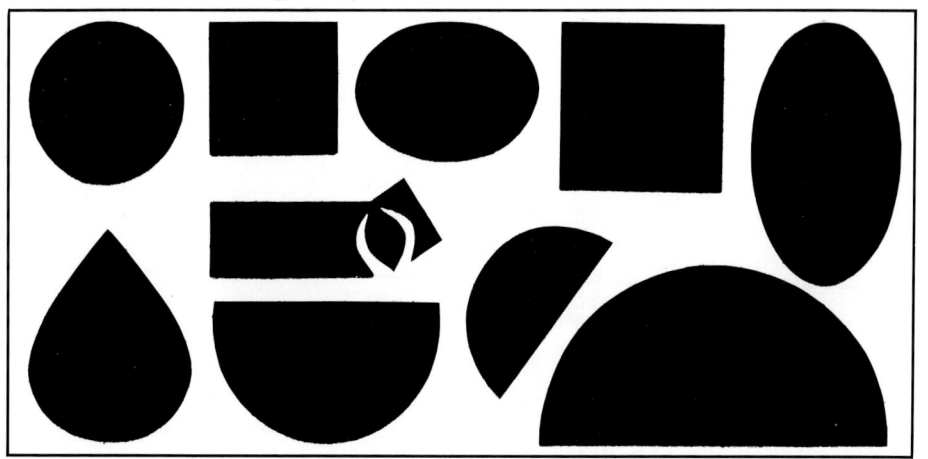

Serie 7

Geschwungene Blattformen

Material:
Messing- und Neusilberblech 0,5 mm,
Messingrundrohr 2 mm ø,
Mondsteine und schwarze Glassteine,
Kettelstifte,
Broschennadeln

Fertigungshinweise:
Die Röhrchen allmählich durch Ziehen über eine abgerundete Tischkante biegen. Die engeren Rundungen erhalten Sie mit einer Kettelzange. Wählen Sie den Röhrchenabschnitt etwas größer und sägen nach dem Biegen den benötigten Abschnitt heraus. Biegeschablonen finden Sie auf Seite 30. Die Zeichnung zeigt die Blätterelemente von der Rückseite, also seitenverkehrt, die Stiele für die Glassteine jedoch von vorne. Innerhalb der gestrichelten Linie die Röhrchen durch leichte Hammerschläge flachklopfen. Jeweils nur eine Blatthälfte mit einem weichen, spitzen Pinsel und Patina „ausmalen" und später wieder leicht abreiben.
Die Stiele mit den aufgeklebten Blättern erst an den Stellen, wo sie sich berühren, aneinanderkleben, danach die losen Blätter hinterkleben.
Die Abschlußöse bei dem Ohrhänger besteht aus einem Stückchen Messingdraht (Niet- oder Kettelstift), dessen Enden in die Röhrchen geklebt werden.

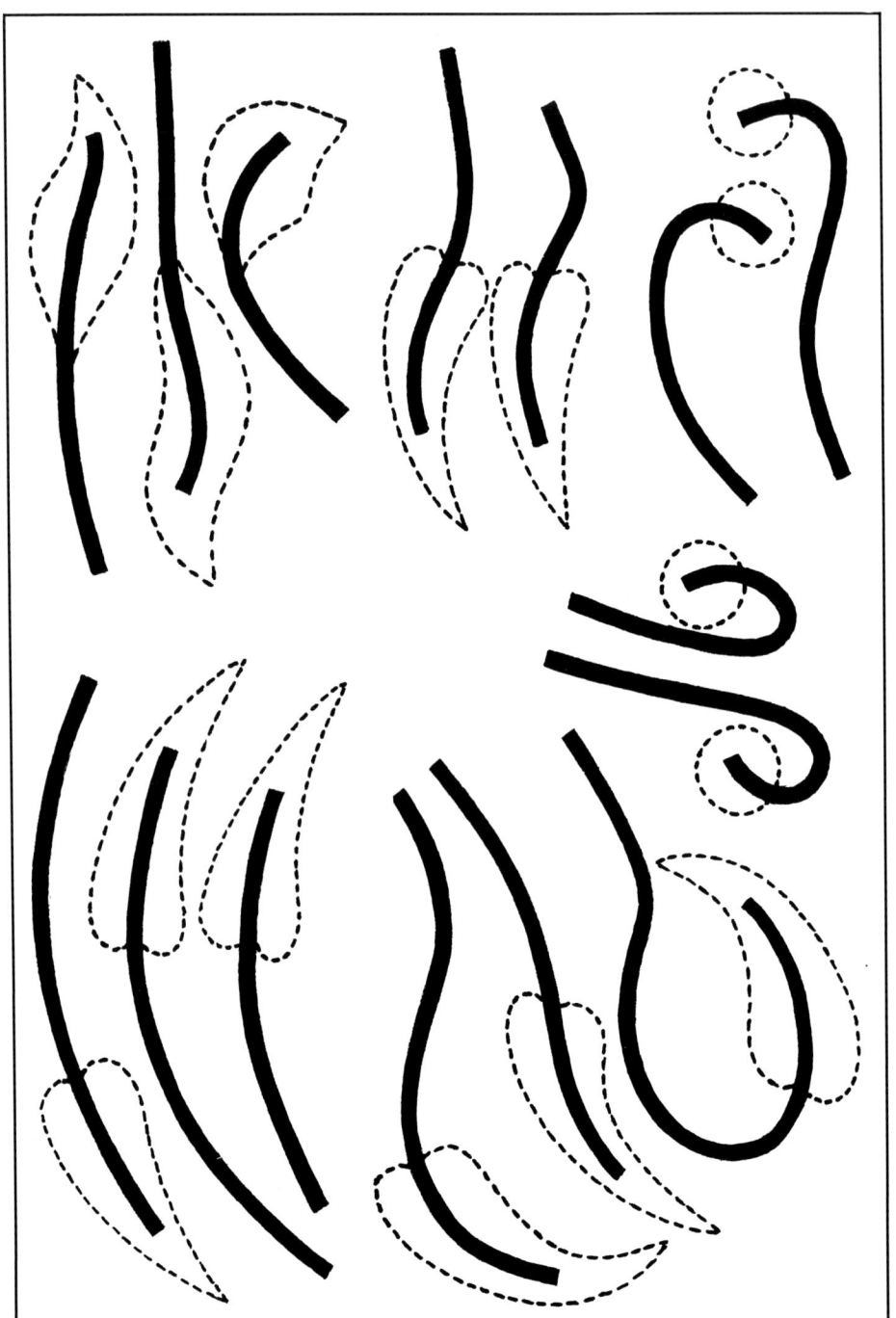

Serie 8

Stabbroschen mit Straß

Material:
Messing- und Neusilberblech 0,5 mm,
Straßkette (kesselgefaßte Straßsteine gibt es als Meterware),
Messing-U-Schiene zum Einlegen der Straßkette,
Maske,
Straßsteine 5,5 mm ø,
Panzerkettchen (zum Einkleben in die U-Schiene),
Broschennadeln

Fertigungshinweise:
Die Schablonen für die Blätterformen finden Sie auf Seite 28.
In die U-Schiene wird die Straßkette und die Panzerkette eingeklebt.
Achten Sie beim Materialeinkauf darauf, daß die Ketten in die U-Schienen passen. Sie dürfen eher etwas Spiel haben. Sollten sie genau bündig mit der Schienenführung abschließen, kleben Sie mit Sekundenkleber.
Die Färbung bzw. Patinierung der Blätter erfolgt nach dem Aufkleben.

Serie 9

Arrangement mit Blättchen und Kreisen

Material:
Messing- und Neusilberblech 0,5 mm,
Straßsteine 4 und 5,5 mm ø,
kleine Anhängerösen mit Klebeplatte,
Broschennadeln

Fertigungshinweise:
Schneiden Sie reichlich Blättchen aus Messingblech und Kreisflächen aus Neusilberblech. Etwaige Unregelmäßigkeiten in der Form stören nicht. Dann kleben Sie eine Lage Blättchen und Kreise auf die Metallformen, vermeiden Sie bei dieser Lage noch Überschneidungen. Beim Aufkleben der nächsten Lage darf es dann schon zu Überschneidungen kommen. Bilden Sie die Überstände, indem Sie mit jeder Lage das Blättchen etwa um die Hälfte seiner Länge über die untere Form hinaussetzen. Je mehr Blättchen und Kreisflächen Sie übereinander arrangieren, desto plastischer wirkt das fertige Schmuckteil. Das anschließende Patinieren arbeitet noch mehr Tiefe heraus.

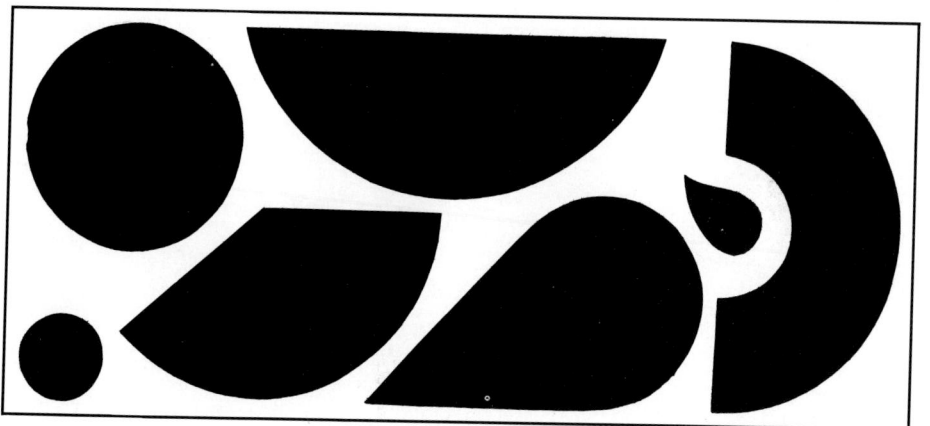

Serie 10

Bergkristall-Spitzen

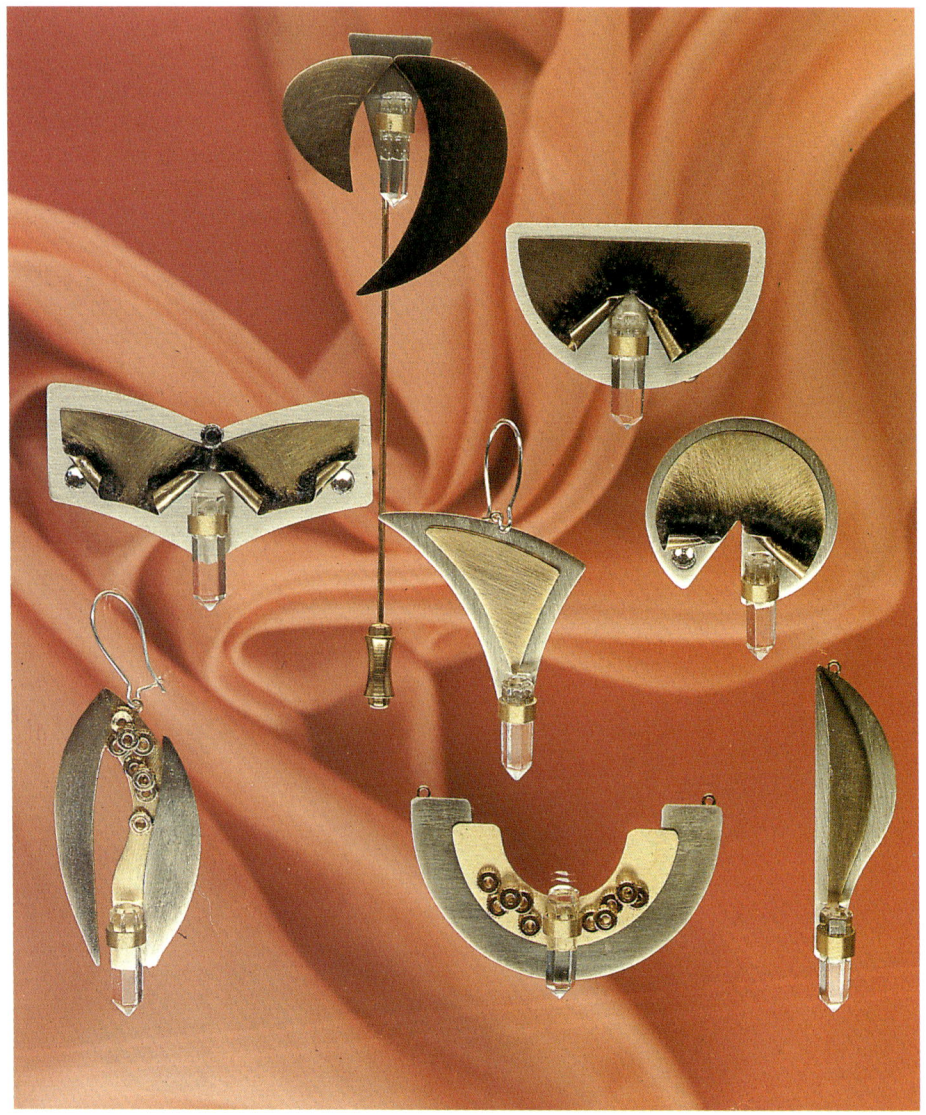

Material:
Messing- und Neusilberblech 0,5 mm,
dünneres Messingblech (0,2 bis 0,3 mm stark) für die Formen mit den aufgerollten Ecken,
Straßsteinchen 3 mm ø,
Spitzen aus Bergkristall, geschliffen,
Messingröhrchen als Halterung für den Bergkristall,
vergoldete Scheiben 3 mm ø,
Broschennadeln,
Anhänger mit Klebefläche,
Reversnadeln

Fertigungshinweise:
Für die Halterung der Bergkristallspitzen besorgen Sie sich Röhrchenabschnitte (zum Basteln von Ketten) oder schneiden kleine Stücke vom Messingrohr ab. Der Innendurchmesser sollte etwas kleiner sein, als der Bergkristall, Ausprobieren! Kneifen Sie das Röhrchen mit einem Seitenschneider auf und schieben den Kristall unter Druck hinein. Das Röhrchen wird sich etwas öffnen und den Kristall unter Spannung festhalten. Geben Sie auf die Öffnung reichlich Klebstoff und setzen Sie die Halterung in das Schmuckstück. Durch entsprechendes Unterlegen den Kristall in der Waage halten, bis der Kleber fest ist.
Zum Aufrollen der Ecken verwenden Sie eine Kettelzange.
Die Teile werden einzeln patiniert und erst dann aufgeklebt. Alle Flächen mit den aufgesetzten Bergkristallspitzen bleiben unpatiniert.

Serie 11

Röhrchenbroschen

Material:
Neusilberblech 0,5 mm,
Messingrundrohr 3 mm ø,
schwarze Glassteine,
Straßkette (kesselgefaßte Straßsteine als Meterware),
Messing-U-Schiene zum Einlegen der Straßkette,
Broschennadeln

Fertigungshinweise:
In die U-Schiene werden die Straßketten eingeklebt. Achten Sie beim Materialeinkauf darauf, daß die Straßketten in die U-Schienen passen. Sie dürfen eher etwas Spiel haben. Sollten sie genau bündig mit der Schienenführung abschließen, kleben Sie mit Sekundenkleber.
Die Röhrchen werden auf die Neusilberplatten geklebt und dann patiniert. Zum Schluß die überstehenden Enden über die Röhrchengruppe biegen und die Steine aufsetzen.
Beachten Sie die richtige Seite!
Die Röhrchen und die U-Schienen werden auf die Rückseite des Silberblechs geklebt. Nach dem Umbiegen ist die schöne Seite vorne.

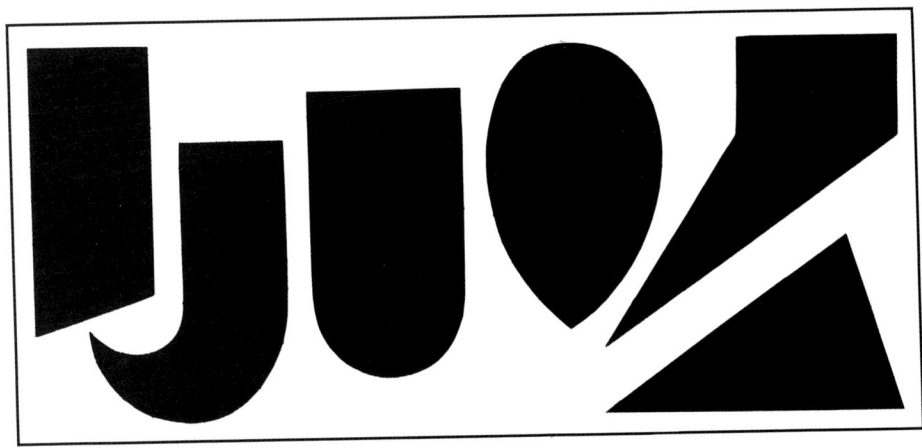

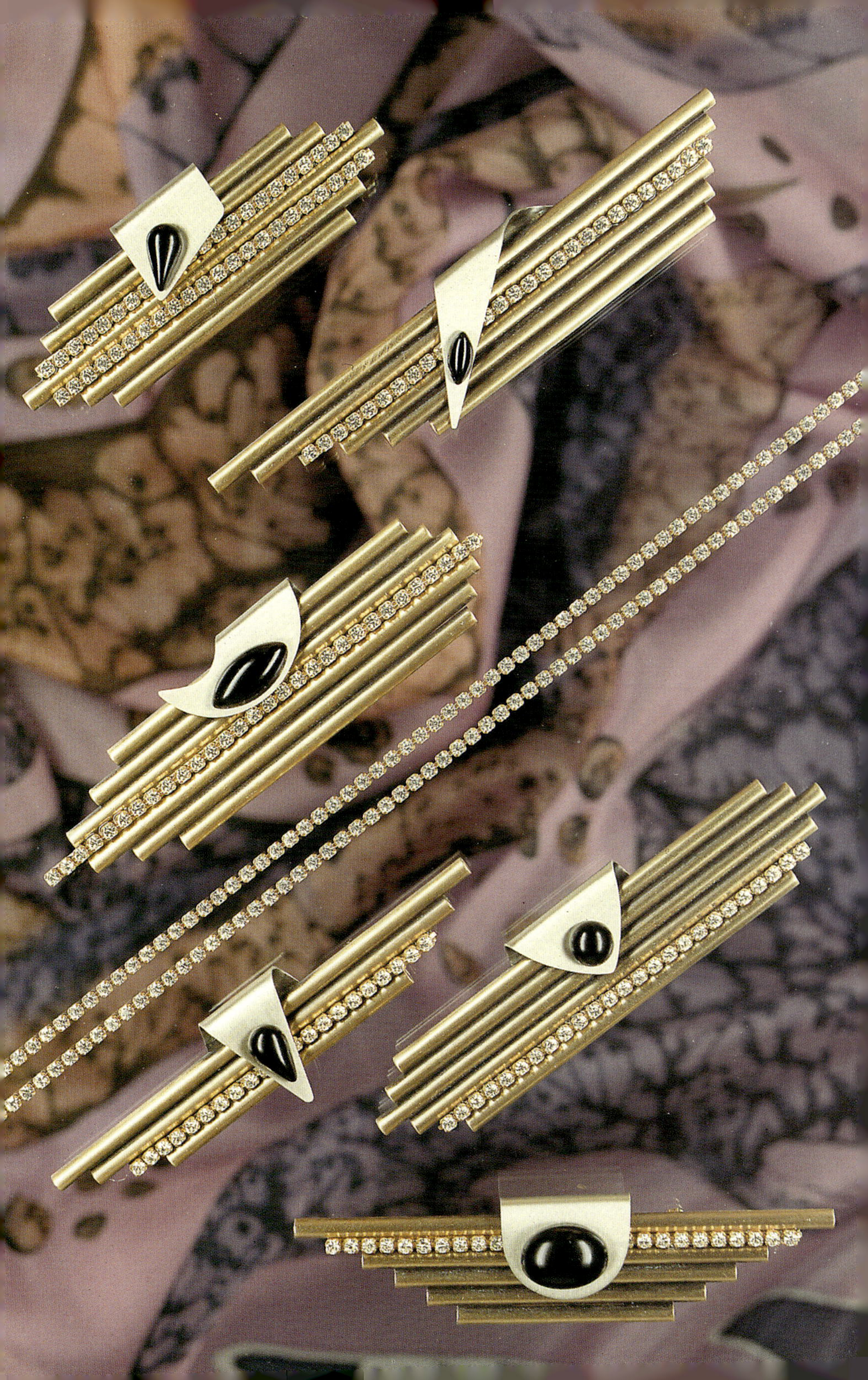

Serie 12

Mit gehämmertem Ornament

Material:
Messing- und Neusilberblech 0,5 mm,
schwarze Glassteine,
Anhängerösen mit Klebeplatte,
Broschennadeln

Fertigungshinweise:
Die ornamentale Struktur wird mit dem Hammer und einem Körner mit 1 mm Spitze ausgeführt. Zeichnen Sie sich den Ornamentverlauf auf die Rückseite der bereits geschliffenen Blechform. Als Unterlage dient ein Sperrholzbrett oder ein ähnlich hartes Material. Setzen Sie den Körner auf und schlagen mit dem Hammer leicht darauf. Es entsteht eine kleine Vertiefung, die auf der Vorderseite eine stecknadelkopfgroße Erhöhung bildet. So setzen Sie Vertiefung an Vertiefung.
Durch diese Treibarbeit wird sich das Metall immer stärker krümmen. Darum muß von Zeit zu Zeit gegengearbeitet werden: Drehen Sie das Blech auf die andere Seite. Setzen Sie den Körner jetzt zwischen die kleinen Erhöhungen und treiben so das Blech in eine Planlage zurück.
Die strukturierten Flächen werden patiniert.

Serie 13

Quadrate und Rechtecke mit Goldringen

Material:
Messing- und Neusilberblech 0,5 mm,
Messingvierkantrohr 4 x 2 mm,
„Amethyst"-Glassteine,
Straßsteine, rosa, 2,5 und 4 mm ø,
vergoldete Ringe,
Anhängerösen,
Broschennadeln,
Ohrclips mit Klebeplatte

Fertigungshinweise:
Der gesamte Schmuck setzt sich zusammen aus Quadraten und Rechtecken in Silber und Gold, sowie in Altsilber und Altgold (gefärbt). Beim Färben die Klebestreifen frei lassen.
In die Grundplatten der langgezogenen Anhänger wurde ein 1 mm Loch gebohrt. Anstelle des Lochs können auch Ösen mit Platte aufgeklebt werden.
Bei dem quadratischen Ohrclip mit dem gleichen Anhängerteil (unten Mitte), dem quadratischen Ohrhänger und der großen Brosche (oben links) wird ein weiterer Ring verdeckt unter das mittlere Quadrat bzw. Rechteck geklebt, um die Höhendifferenz auszugleichen, die durch die sichtbaren Ringe entstanden ist.

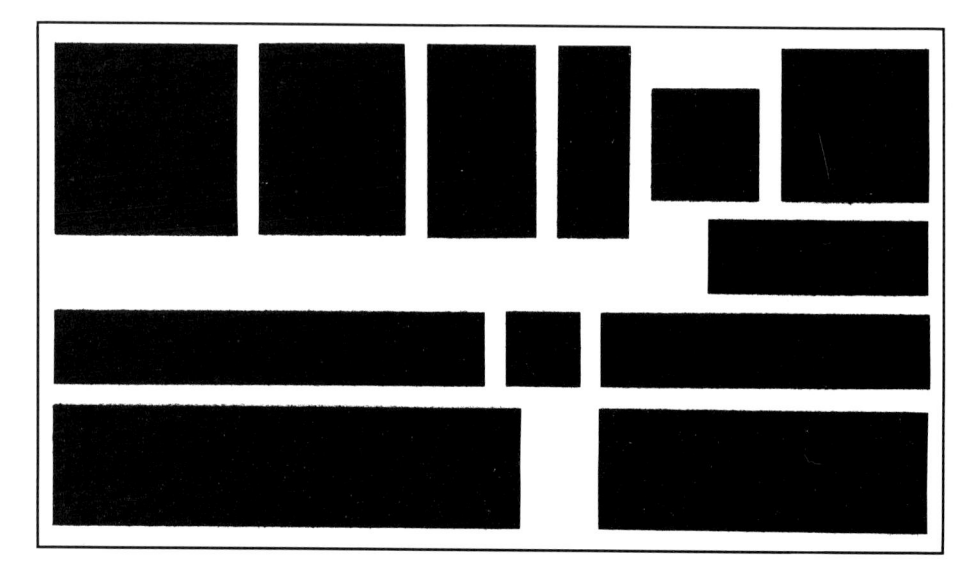

41

Serie 14

Ketten und Straß

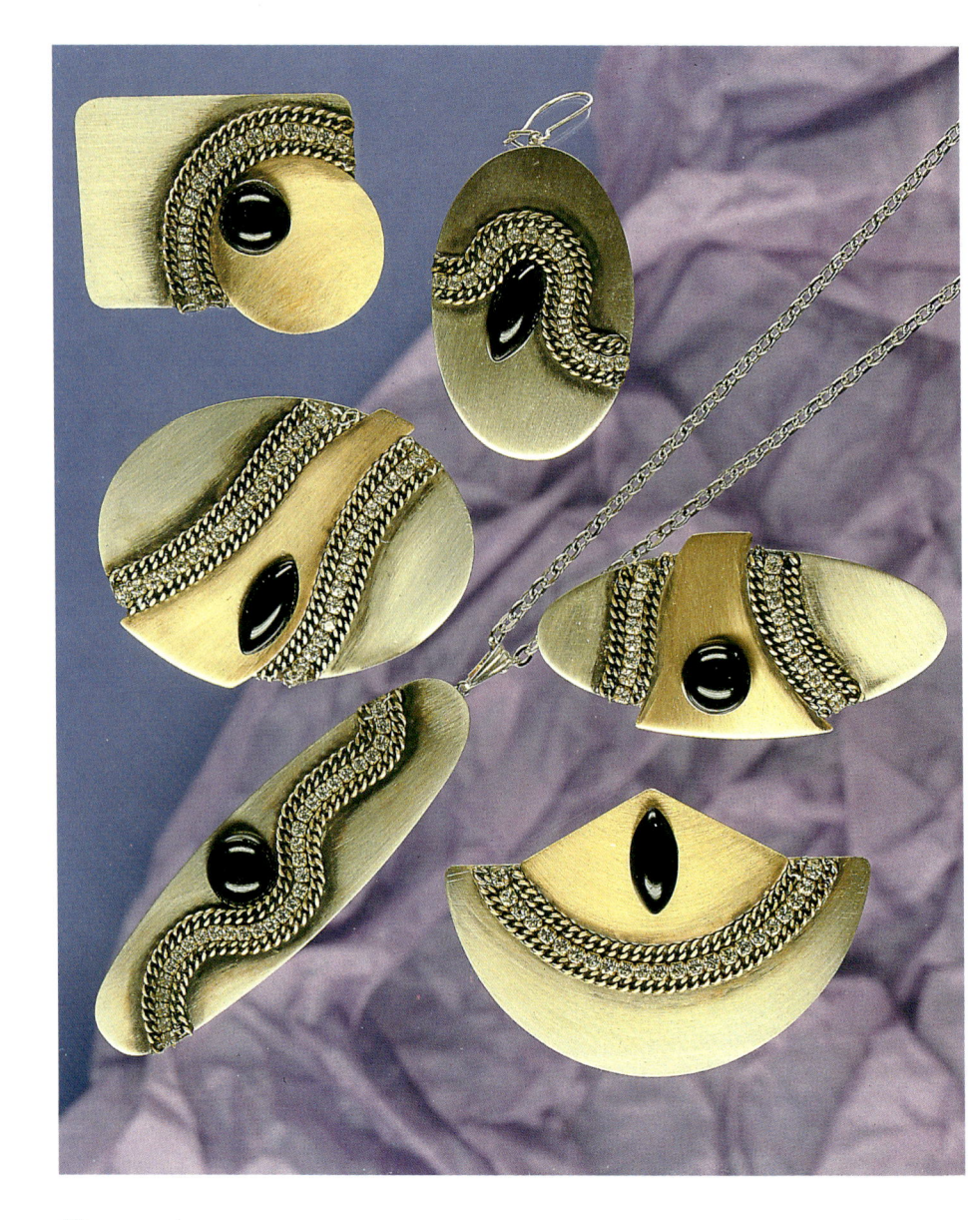

Material:
Messing- und Neusilberblech 0,5 mm, Straßkette (kesselgefaßte Straßsteine als Meterware), Panzerkettchen aus Messing, schwarze Glassteine, Anhängerösen mit Klebeplatte, Broschennadeln

Fertigungshinweise:
Alle Grundplatten sind aus Neusilber. Bei den vier Broschen wird eine kleinere Platte aus Messing aufgesetzt, sie dient als Anlegestütze beim Aufkleben der Ketten. Beginnen Sie mit der anliegenden Panzerkette. Bei den Hängern wird die Straßkette zuerst geklebt.
Messingketten können Sie vorher patinieren: Mit Stahlwolle vorsichtig abreiben und in Patina tauchen. Nach dem Trocknen flach auslegen und mit 280er Schleifpapier die Ober- und Unterseite schleifen. So entsteht gleichzeitig ein sehr dekorativer „Diamantschliff".
Erst nach dem Aufkleben der Ketten die Flächen patinieren.

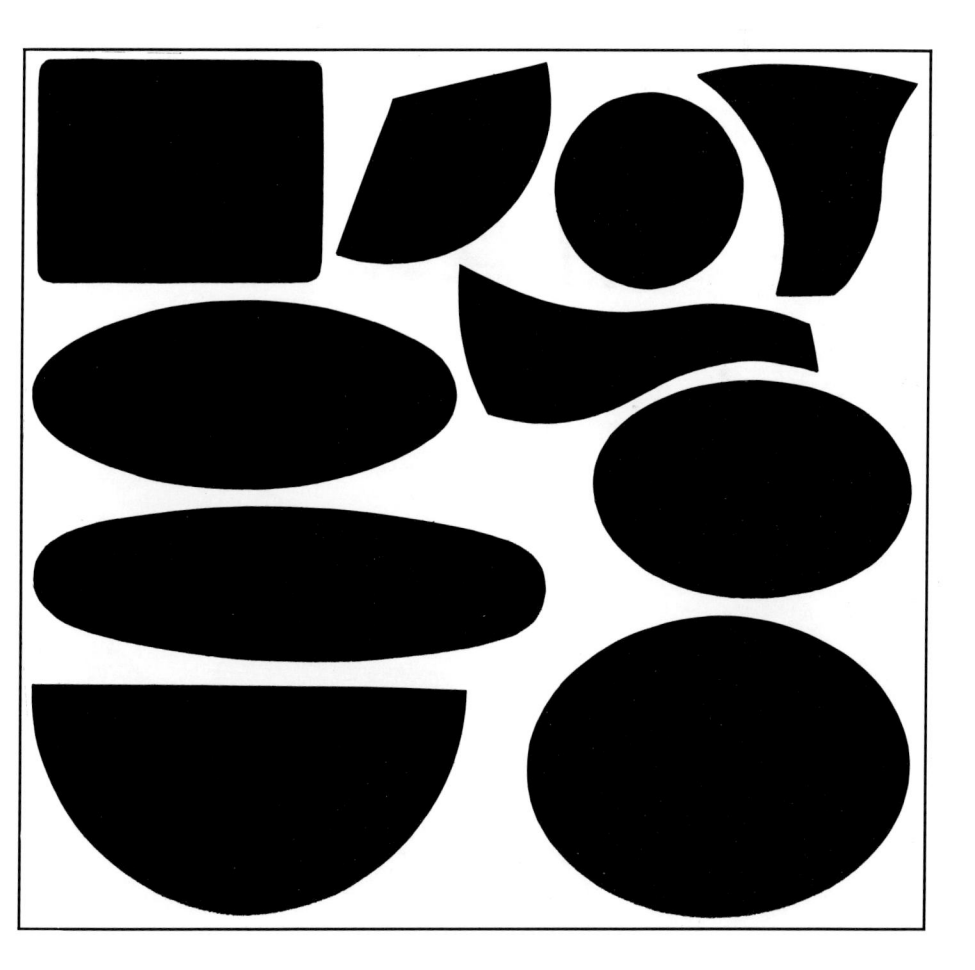

Serie 15

Romantisches Schmuckset

Material:
Messing- und Neusilberblech 0,5 mm,
Messingrundrohr 2 mm ø,
vergoldete Zierornamente,
„Amethyst"-Glassteine,
Anhängerösen mit Klebeplatte,
Nietstifte,
Broschennadeln

Fertigungshinweise:
Die beiden Bogenteile als Grundplatten passen in ihren Rundungen genau zusammen – ohne Überschneidung oder Zwischenraum. Darauf kleben Sie die Röhrchengruppen. Auf die Röhrchengruppen wird der mittlere Bogen gesetzt. Um die Höhendifferenz auszugleichen und als Stabilisierung kleben Sie zusätzlich unter den mittleren Bogen unsichtbar kleine Röhrchenabschnitte, die gleichzeitig noch die beiden unteren Bögen zusammenhalten.
Das Biegen der Röhrchen geschieht ganz allmählich über eine runde Tischkante. Wählen Sie die Zuschnitte etwas größer und schneiden Sie diese erst passend zu, wenn die erforderliche Krümmung erreicht ist.
Die fertigen Schmuckstücke patinieren. Danach Metallzierteile und Steine aufsetzen.

46

Serie 16

Schmuck mit Zierbügel

Material:
Messing- und Neusilberblech 0,5 mm．
„Hämatit"-Glassteine,
Stangendraht 1,5 mm ø,
Aufhängerösen mit Klebeplatte,
Broschennadeln

Fertigungshinweise:
Biegen Sie den Draht mit Hilfe eines Rundstabes (Kochlöffelstiel). Wählen Sie die Drahtlänge so reichlich, daß sich die beiden Enden überschneiden. Sie können dann den Zierbügel mit der aufliegenden Messingform exakt ausrichten und die Enden so abschneiden, daß sie durch das Blech verdeckt werden. Reihenfolge des Zusammenbaues:
Die beiden kleineren Messingformen zusammenkleben und patinieren. Dann die Messingformen auf die Bügel kleben und zum Schluß alles mit den Neusilberformen verbinden.

Serie 17 (Abbildung auf Seite 1)

Collagen mit Masken

Material:
Messing- und Neusilberblech 0,5 mm,
Messingstangen 8 x 2 mm,
Messingvierkantrohr 4 x 2 mm,
Straßsteine 2,5 mm, 3 mm und
5,5 mm ø,
Masken,
Broschennadeln

Fertigungshinweise:
Schneiden Sie reichlich quadratische, längliche oder spitzovale Formen aus Neusilberblechstreifen, wie die Schablonenzeichnung zeigt. Kleinere Ungenauigkeiten in den Abmessungen stören nicht. Arrangieren Sie die Plättchen in mehreren Lagen auf den Messingstangen bzw. den beiden Messingvierkantrohren. Die größeren Messingformen werden hinter die Stangen geklebt. Zum Schluß alles patinieren, wodurch eine besonders starke Tiefenwirkung erzielt wird.